# 1849.

## EXPOSITION NATIONALE
### Des Produits de l'Industrie Française. — N° 2911.

---

# NOTICE

SUR LES

## DIVERS SYSTÈMES D'EMBALLAGE

### *Inventés par COTEL,*

8, PLACE DU LOUVRE, EN FACE LA COLONNADE,

**Pour Tableaux, Sculptures, Pianos, Meubles de fantaisie, Glaces, Lustres, Bronzes, Pendules, Albâtres, Porcelaines, Pièces d'anatomie, Instruments de physiques, etc., etc.**

3 BREVETS de Mentions honorables et 5 MÉDAILLES lui ont été décernées par la *Société d'Encouragement pour l'Industrie nationale*, par *l'Athénée des arts*, par *l'Académie de l'Industrie* et par la *Société libre des Beaux-Arts*.

---

## PARIS,

### IMPRIMERIE GUIRAUDET ET JOUAUST,
RUE SAINT-HONORÉ, 315.

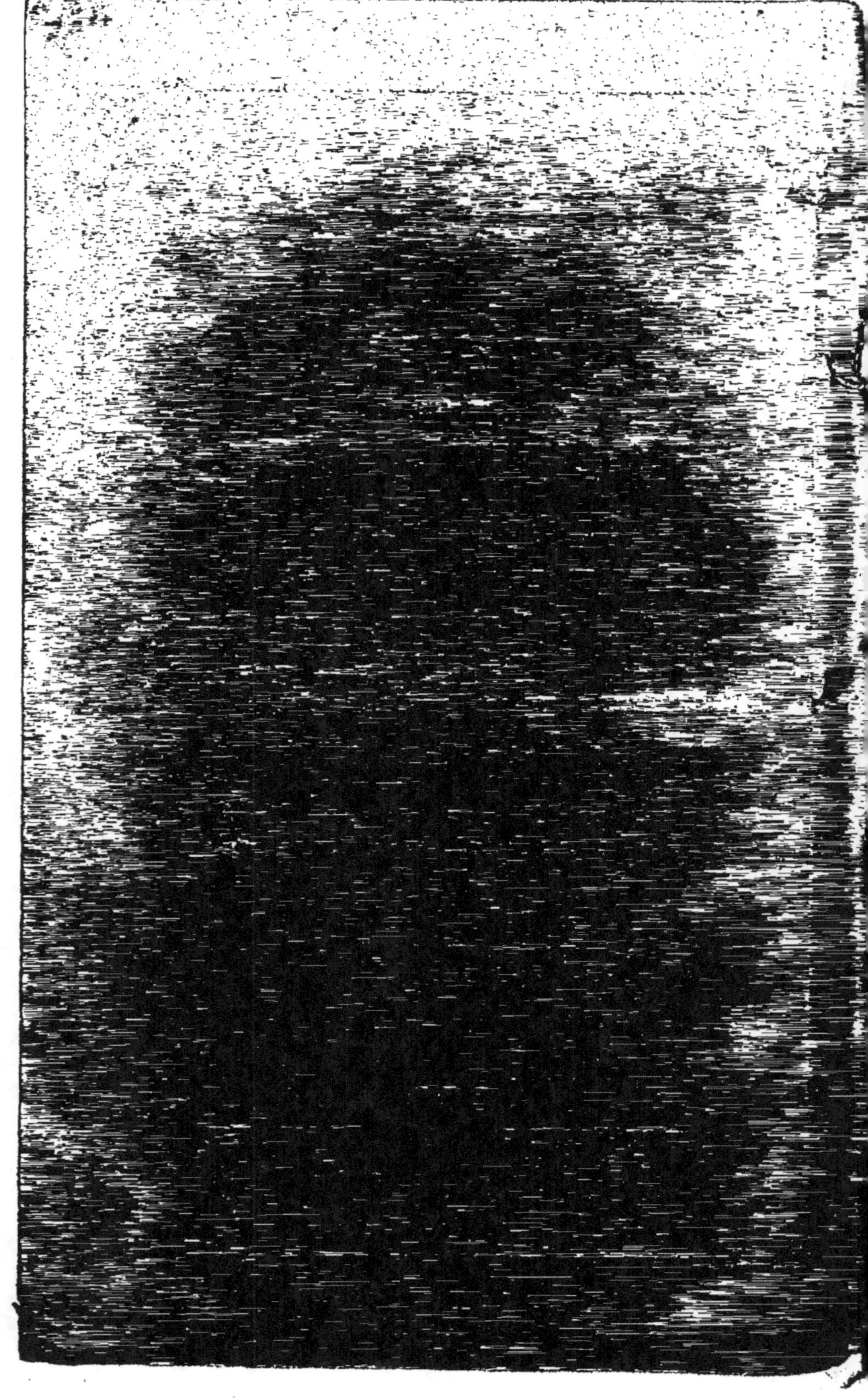

# DESCRIPTION

## DES

# DIVERS SYSTÈMES D'EMBALLAGE

### INVENTÉS

## Par COTEL, 8, place du Louvre.

## Peinture et Tableaux.

### Système n° 1. — Emballage du tableau sur châssis simple.

On visse le châssis au tableau; on le descend ainsi dans la caisse. S'il y a plusieurs tableaux, on les pose l'un sur l'autre, et on les retire facilement de la caisse. Le couvercle se ferme par des vis.

Ce système, simple et solide, ne coûte pas plus que le mode ordinaire d'emballage, et offre un avantage bien grand pour les visites des douanes, en ce qu'il suffit, pour visiter jusqu'au fond de la caisse, de dévisser le couvercle et d'enlever les châssis sur lesquels sont fixés les tableaux. On évite ainsi les coups de marteau, qui sont si funestes.

D'après le mode ordinaire de l'emballage des tableaux, on les garnit de quatre tampons aux quatre coins; ensuite on les cale et on les fixe par des barres clouées fortement pour les maintenir. C'est ainsi que l'on éprouve des accidents dans les visites des douanes, où il faut déclouer ces barres : en les reclouant, les douaniers, toujours pressés, envoient souvent des clous dans les cadres, ce qui cause des avaries à la dorure.

Le prix de ces caisses, compris l'emballage, est de 3 fr. le mètre superficiel.

---

Système n° 2. — **Boîte-cuvette** *pour l'emballage des tableaux que l'on envoie aux expositions rhénanes et étrangères.*

Le tableau, vissé sur deux barres, se fixe dans la cuvette par des vis, et les barres sont arrêtées sur les côtés de la cuvette.

Cette cuvette est noircie à l'extérieur, et à l'intérieur garnie d'un papier de couleur selon la convenance de la peinture du tableau ; le couvercle, bordé tout autour, est garni de quatre emboîtures qui s'arrêtent par des vis ; ces emboîtures protégent les angles de la cuvette, et garantissent les chocs et usures.

Pour exposer le tableau on dévisse le couvercle, et le tableau reste dans sa cuvette, qui le protége des accidents dans les placements et déplacements des salons des expositions.

Le prix de ces boîtes, emballage compris, est de 4 fr. le mètre superficiel.

Système nᵒ 3. — **Châssis à volets** *pour les grands tableaux à envoyer aux expositions, pour lesquels la Boîte-cuvette ne peut être employée.*

Ce châssis donne les mêmes garanties dans les placements et déplacements des tableaux. Facile à déballer et réemballer, le tableau se retire de la caisse par des sangles fixées aux quatre coins du châssis. Ainsi sorti de la caisse, on reploie en arrière les volets qui protégent la face du cadre, et ces volets s'arrêtent par des tourniquets; le châssis reste au tableau et ne nuit en rien à son exposition.

Le prix du châssis est de 2 fr. le mètre superficiel.

———

Nota. Les boîtes-cuvettes, caisses et châssis, retournés des expositions, sont repris pour moitié prix, et les vieilles caisses échangées.

———

Système nᵒ 4. — **Caisse de voyage** *pour tableaux à l'usage du commerce.*

Elle présente l'avantage de recevoir plusieurs tableaux, dont on peut sortir le premier venu sans déranger en rien la solidité de l'emballage des autres. La confection de cette caisse à l'extérieur est renforcée de quatre emboîtures : le couvercle, bordé tout autour, se fixe par quatre pattes en fer qui y sont adaptées, et s'arrête avec des vis. A l'intérieur, la caisse est garnie d'un double papier imperméable. Des coulisses sont établies à chaque bout de la caisse. Dans chaque coulisse descend un châssis ajusté et fait pour recevoir un ou plusieurs tableaux, que l'on fixe avec des vis ou courroies. On peut ainsi faire voir, sans encombrement, tous les tableaux contenus dans la caisse. On retire d'abord le châssis n° 1, et on le remet après l'avoir visité. On sort et l'on remet ainsi successivement les autres numéros, pour voir tout le contenu de la caisse. Ce procédé est facile et très prompt, ce qui est avantageux dans les circonstances pressantes.

Le prix par mètre superficiel est de 4 fr. pour les caisses, et de 2 fr. pour les châssis.

---

### Système n° 5. — **Châssis à coulisse.**

Ce châssis, s'allongeant et s'élargissant, peut ainsi servir à plusieurs grandeurs de tableaux. Un châssis de 60 centimètres s'allonge à 88 centimètres, ce qui le rend près de moitié plus grand. L'usage de ces châssis est pour l'envoi des tableaux aux expositions, où on les remet sans emballage. On les dépose habituellement chez M. Binant, pour l'exposition de Rouen. Avec ce châssis on est assuré que le cadre et ses ornements sont protégés. Le châssis se serre sur le cadre avec une corde mise en croix de Lorraine.

Le prix de ce châssis est de 10 fr. le mètre superficiel.

Si on ne veut pas en faire l'acquisition, la location pour la durée d'une exposition est de 3 fr.

---

### Système n° 6. — **Châssis à cales** *pour tableaux ovales et de formes variées.*

Les cales de ces châssis, en liége, sont matelassées et boulonnées. Ce châssis, simple et facile à l'emballage, offre une grande sécurité aux ornements, dont ces cadres sont ordinairement garnis.

Le prix de ces châssis est de 5 fr. le mètre superficiel.

---

Système n° 7. — **Boîtes-Cotel** *à l'usage des personnes désirant faire voyager avec elles leurs tableaux d'affection.*

Le déballage et l'emballage se font avec la plus grande promptitude et une parfaite sécurité.

Ces boîtes à l'intérieur ont la forme du cadre; elles le maintiennent dans les parties fortes, elles sont matelassées d'étoupe et recouvertes de molleton. Le devant de la boîte s'abat et donne toute facilité pour en sortir les tableaux.

Le prix de ces boîtes est de 5 fr. et plus, suivant la grandeur et la fragilité des ornements des cadres.

---

Nota. Ces divers systèmes s'appliquent également à l'emballage des glaces.

---

**Pitons-poignées.** — L'usage de ces pitons est pour éviter de porter les mains sur la dorure lors des déplacements des tableaux, principalement dans les expositions. Le piton se tire, un ressort l'arrête, et il forme une poignée servant à porter le tableau. Pour rentrer la poignée on pèse sur un ressort, la poignée rentre et devient un piton servant à passer la corde pour suspendre le tableau.

Le prix est ainsi fixé : Garniture n° 1, 3 fr.
Garniture n° 2, 4
Garniture n° 3, 5

---

**Angles de sûreté.** — Ces angles sont pour protéger les cadres des chocs qu'ils reçoivent ordinairement dans les divers déplacements que subissent les tableaux aux expositions. Cet angle, très simple, se compose d'une plaque en bois faisant l'angle et portant un rebord qui vient en saillie sur le cadre; une patte en fer fixée, et dépassant, vient se visser sur le châssis. Ce système l'arrête très solidement au cadre, et évite les accidents auxquels est exposée une toile fixée légèrement et pas assez solide pour résister au lourd poids du cadre, qui échappe et souvent se brise dans sa chute, car l'habitude des employés est de prendre un cadre par la traverse du milieu de la toile.

Le prix est ainsi fixé, garniture des 4 emboîtures et pose :

| | | | | | |
|---|---|---|---|---|---|
| Pour une toile de | | 1 à | 10, | 2 francs. | |
| Id. | id. | de 12 à | 40, | 3 | » |
| Id. | id. | de 50 à | 100, | 4 | » |
| Id. | id. | de 120 et au dessus | | 5 | » |

Nota. — Les garnitures rendues après l'exposition sont reprises pour moitié prix.

Les garnitures pour les cadres ovales sont du même prix.

———

**Porte-Ovale.** — Il sert à maintenir les toiles sur les chevalets.

Fait à crémaillère, il permet de fixer toutes les grandeurs, et permet de peindre facilement au bas de la toile.

Le prix est de 10 francs; simple, sans crémaillère, 2 francs.

———

**Rouleau cylindre.** — Ce rouleau, qui sert à enrouler les grandes toiles, se trouve suspendu par chaque bout dans la caisse. Une bande à charnière dans toute la longueur forme couvercle à une ouverture faite pour fixer la toile, qui s'accroche à des pointes en fer. Lorsqu'elle est ainsi accrochée, on ferme le couvercle, et au moyen d'une manivelle on l'enroule dans la caisse, où des rubans sont disposés pour l'attacher et dans laquelle elle reste ainsi suspendue.

La supériorité de ce système sur l'ancien consiste dans les avantages suivants :

1° On n'a point à craindre la marque des clous employés pour fixer la toile sur le rouleau.

2° On évite la fatigue qu'éprouve la peinture par la pression des mains pour serrer la toile sur le rouleau.

3° La peinture ne se trouve point, comme dans l'ancien mode, enroulée en dedans sur elle-même, ce qui la fatigue et fait gercer les toiles anciennes ; par le système Cotel la peinture s'enroule en dessus, ce qui a été généralement approuvé et a toujours donné de bons résultats.

Le prix du rouleau est de 10 francs le mètre linéaire, compris les ferrures et recouvrements en papier double.

Le prix de sa caisse est de 3 francs le mètre superficiel, compris sa garniture intérieure en papier imperméable.

Nota. — Pour les transports dans la France, on traite pour la location des rouleaux.

---

**Cylindre-Cotel.** — Il présente l'avantage de pouvoir enrouler les toiles fraîchement peintes avec isolément, et leur permet de sécher dans la caisse.

Avec ce cylindre, simple dans sa forme, l'exécution de l'enroulement est facile ; la peinture se trouve en dessus, système qui présente toute sécurité et a reçu une approbation générale.

Le prix du cylindre est de 12 francs le mètre linéaire, compris le recouvrement en papier et les pitons.

Le prix de la caisse est de 3 francs le mètre superficiel, compris sa garniture en papier imperméable.

Nota. — Pour les transports dans la France on traite pour la location de ces cylindres.

Ce cylindre a déjà rendu de grands services :

1° M. Claudius Jacquand, qui devait fournir une toile à une époque fixe, n'aurait pu l'expédier en temps utile sans le *Cylindre-Cotel*.

2° M. Chassevent, ayant peint pour la manufacture d'Aubusson une grande toile représentant un dessin modèle pour l'exécution d'un tapis destiné à figurer à l'Exposition nationale, n'aurait pu, sans le nouveau *Cylindre-Cotel*, en faire l'envoi à temps, et il en fût résulté une grande perte pour l'artiste, car il y avait un très fort dédit stipulé pour le cas où le dessin n'eût pas été rendu à l'époque convenue.

# Sculpture.

**Caissette pour statuettes.** — Le devant de cette caissette est volant ; on tire un plateau à coulisse, et on y fixe un petit coussin d'étoupe, sur lequel on pose la statuette ; on entoure le pied avec du liége, qu'on attache solidement au moyen de rubans ; ensuite on matelasse entièrement la statuette, que l'on remet dans sa caissette, et on la consolide avec du foin doux tout autour. Cela fait, on fixe le côté et le couvercle avec des vis pour faciliter l'ouverture et éviter l'emploi du marteau et du ciseau, dont les coups sont toujours redoutables dans les visites des douanes.

Le bas prix de ces caissettes est de 2 francs pour une petite statuette, emballage compris. Les prix sont fixés suivant la fragilité et la grandeur de la statuette.

---

**Boîtes-Cotel** (*emballage fixe*). — Ces boîtes sont de forme conique et suivant la statuette ; le dessus, à charnières, se lève ; le devant, aussi à charnières, s'abat et est à deux ou trois brisures ; les parties intérieures sont matelassées de telle sorte qu'elles peuvent se prêter aux diverses formes de la statuette, que reçoit un socle fait avec encadrement en liége et matelassé.

On glisse dans la boîte ce socle avec la statuette, qui s'encadre dans ses ajustements de telle façon qu'elle est maintenue très solidement. C'est d'une grande importance dans les visites des douanes, en ce que l'on voit l'objet sans le déballer, et qu'on évite par là tout accident.

Le prix de ces boîtes est de 5 francs toutes garnies et ferrées, avec poignée en fer. Il augmente suivant la délicatesse et la grandeur de l'objet à contenir.

Ces boîtes ont déjà rendu service à plusieurs artistes qui ont envoyé des statuettes en marbre aux expositions étrangères pour en trouver le placement.

Nota. — Ce système de boîtes s'applique également aux *pendules, porcelaines, vases, cristaux, albâtres*, lampes riches, modèles d'anatomie, oiseaux et animaux empaillés.

---

**Charpente-Cotel**. — Cette charpente, dont on fait usage pour les grandes statues, se démonte en quatre parties par des boulons faits à cet usage.

Pour déballer on ramène tous les étais sur la charpente

au moyen d'une clef ; ces étais, qui ont l'empreinte de la forme de la statue, sont en bois ou liége garni d'étoupe, et recouverts de molleton de coton blanc ; ils sont montés sur des vis de rappel qui font le va-et-vient. Lorsque les étais sont ramenés sur la charpente on la déboîte, et la statue, ainsi dégagée, reste sur son socle ; on dévisse ensuite les boulons du socle fixé sur les deux traverses ; les boulons retirés, le socle se dévisse en deux parties et laisse la statue entièrement dégagée de son emballage.

Le prix est fixé suivant le travail intérieur et le nombre de vis de rappel qu'il faut employer. La charpente se paie au tarif des chapentiers.

---

**Charpente-Cotel**, *nouveau système*. — Cette charpente coûte un tiers moins cher, et donne une plus grande sécurité dans les cas de chute imprévue. Le socle qui reçoit la statue est double, en bois, posé en sens inverse et plaqué en liége, sur lequel vient poser le socle de la statue. Un encadrement prenant la forme de la plinthe du bas, garni de molleton de coton, se fixe avec de forts boulons ; à ce socle sont adaptés quatre montants avec charnières ; sur ces montants, qui sont en forme d'échelle, on applique des traverses embrassant la forme de la statue ; ces traverses sont garnies en liége ou étoupes, et recouvertes de molleton de coton blanc ; on serre les montants avec des cordages placés en sens inverse.

Quatre montants fixés au milieu par des vis consolident tout l'ensemble. Un chapiteau se visse au faîte et termine le premier emballage.

Le prix est fixé suivant la fragilité de l'objet.

Le double emballage est une caisse faite en bois de plat-bord de bateau ; le prix est de 6 francs le mètre superficiel.

*Nota.* Pour la France, M. Cotel reprend ses emballages à moitié prix, ce qui équivaut à une location. Ce système a été exécuté avec succès au ministère des Beaux-Arts, et chez les artistes dont les noms suivent : Pradier, Bion, de Nieuverkerke, Derre, Dantan aîné, Huguenin, Barre, Gayrard, Paul Gayrard, etc., etc.

———

**Boîtes humidifères.** — Ces boîtes, à l'usage des statuaires, ont l'avantage de conserver les modèles en terre dans un état d'humidité. Des expériences en ont été faites et ont donné les plus favorables résultats. Cette boîte, formée par quatre châssis à charnières, se déploie pour permettre d'entourer la statue. Le dessus forme chapeau avec emboîtures, et rejoint les quatre parties. Ces châssis sont tapissés de feuilles d'étain ; à l'intérieur sont disposés des crochets pour suspendre de petites éponges imbibées d'eau répandant l'humidité nécessaire. Un artiste pressé de faire un voyage subit peut laisser son œuvre en train et la retrouver au même point d'humidité.

———

**Boîtes pour Pianos.** *Système d'emballage fixe.* — La boîte a la forme du piano ; son extérieur, renforcé, est garni de quatre poignées et fermé par de forts crochets que l'on arrête avec des vis. A l'intérieur, au fond, sont fixées des coulisses en chêne sur lesquelles on fait glisser le piano. Les ajustements pour le caler sont faits en bois et liége recouverts d'étoupe et de molleton. Le devant de la boîte est à brisure et s'abat. Intérieurement il existe des dispositions dans les vides pour y loger des cahiers de musique, et un tabouret se démontant.

Le prix de ces boîtes est de 30 francs pour un piano

droit de la grandeur de 115 centimètres ; les grandeurs suivantes comportent une augmentation de 10 francs.

Des boîtes du même système sont disposées pour meubles de fantaisie et lustres ; leur prix est fixé suivant la nature des objets.

# RAPPORTS DE DIVERSES SOCIÉTÉS

## SUR LE

# SYSTÈME D'EMBALLAGE

### DE

## M. COTEL.

*Extrait du rapport présenté à la Société libre des Beaux-Arts.*

**Messieurs,**

Les communications faites à la Société ne sont ordinairement jugées dignes de devenir l'objet d'un rapport de l'un de ses membres, qu'autant qu'elles appartiennent réellement à l'art, soit directement si elles concernent les œuvres des artistes, soit indirectement si elles se rattachent à des ouvrages scientifiques ou littéraires. Par une exception remarquable, les faits dont j'ai à vous entretenir aujourd'hui sont d'un intérêt moins élevé. Il s'agit, pour les objets d'arts, d'un nouveau mode d'emballage que vous a présenté M. Cotel dans votre séance du 3 novembre dernier; il n'y a là qu'une relation bien indirecte avec les arts proprement dits, mais l'accueil bienveillant que vous avez fait à M. Cotel, en prenant en considération la note qu'il vous a communiquée, a dû être un encouragement pour le rapporteur. J'ai examiné avec une sérieuse attention les procédés qui vous étaient proposés et dont vous m'avez chargé de vous rendre compte; vous n'avez pas dédaigné une industrie matérielle sans doute, mais, avec votre appui, cette industrie peut devenir utile aux artistes : c'était pour moi un devoir d'y apporter tous mes soins et de répondre de mon mieux à votre attente.

L'industrie dont M. Cotel s'occupe aujourd'hui a reçu trop peu d'encouragements pour être bien avancée.

Sans doute on pouvait attendre mieux dans un siècle comme le nôtre, et 25 ans de paix devraient donner encore un élan plus rapide à toutes les inventions nécessaires au *comfort* de la vie et des arts.

Il n'en est pas moins vrai que le procédé de M. Cotel est utile, qu'il répond à un besoin, qu'il y est d'une application actuelle et présente, qu'il offre de l'économie, et que les artistes ne sauraient s'empêcher d'encourager l'industrie quand elle tend à se faire l'auxiliaire de l'art. Je crois superflu d'insister plus long-temps sur l'avantage qu'ils peuvent retirer d'une invention qui laisse loin derrière elle les moyens employés jusqu'à ce jour.

Tout est à l'avantage du procédé qui vous a été présenté.

J'ai donc l'honneur de proposer à la Société libre des Beaux-arts :

1° — D'exprimer son approbation à M. Cotel pour les modèles de caisses et boîtes d'emballage qu'il a bien voulu lui communiquer ;

2° — De voter le renvoi de ce rapport et du dessin qui l'accompagne à la commission des encouragements, qui aura alors à examiner si le sieur Cotel ne doit pas même attendre une plus grande manifestation d'intérêt en obtenant une des récompenses qui doivent devenir l'objet d'une distribution dans notre première séance publique.

Signé : E. VAVIN.

Novembre 1845.

*Extrait du rapport présenté à la Société d'encouragement pour l'industrie nationale, au nom du Comité des arts économiques.*

Messieurs,

M. Cotel a soumis à votre examen des modèles de boîtes d'emballage, pour tableaux, glaces, pendules, statuettes et objets d'art.

Nous n'insisterons pas sur les difficultés du mode ordinaire d'emballage, sur les dangers qu'il présente pour les objets fragiles, cependant nous devons reconnaître que cette industrie a fait quelques progrès ; c'est en les suivant, en étudiant les différentes modifications que les emballages doivent recevoir, suivant la nature et la forme des objets, que M. Cotel est arrivé à la réalisation du système qu'il nous présente aujourd'hui.

Les boîtes de ce fabricant sont faites de telle sorte que les objets y sont très solidement maintenus sans le secours de ces masses de clous, de papiers, de tampons, etc , qui augmentent beaucoup le poids des caisses en même temps qu'ils rendent fort difficile le déballage.

Ce système d'emballage, que l'on peut appeler fixe, puisque la boîte, une fois faite pour l'objet qu'elle doit contenir, sert constamment, offre, par cela seul, une grande économie sur le mode ordinaire d'emballage, qui exige du temps et de nouveaux frais de main-d'œuvre chaque fois qu'on veut emballer un objet quelconque.

Mais l'un des avantages les plus réels des procédés de M. Cotel est la garantie qu'ils offrent pour la conservation des objets. On sait que le mode ordinaire exige de nombreux coups de marteau, qui ébranlent les objets fragiles; l'ouverture et le déballage des caisses, surtout aux douanes, à l'octroi, où ces opérations sont faites avec la plus déplorable précipitation, suffisent seuls pour occasionner de nombreuses avaries. Rien de cela n'est à craindre avec les caisses de M. Cotel : car il suffit, pour les ouvrir, d'ôter quelques vis, et nous avons vu avec quelle facilité les objets qu'elles renferment s'enlèvent et se replacent ; ce déplacement n'est même pas nécessaire, si on veut se borner à s'assurer de ce que renferment les caisses : car il suffit d'ouvrir un de leurs côtés pour voir ce qu'elles contiennent.

Aussi l'usage de ces caisses commence à se répandre. Les lettres nombreuses qui ont été écrites à M. Cotel par les négociants et par les artistes qui les ont employées prouvent qu'elles ne laissent rien à désirer.

Quant au prix, il nous a paru être à peu près le même que celui des emballages ordinaires; il lui serait même inférieur, si l'on considère, ainsi que nous l'avons déjà dit, que les caisses de M. Cotel peuvent servir pendant fort long-temps.

M. Cotel a complété son système d'emballage par quelques outils qui nous ont paru ingénieusement disposés. Ils forment une boîte portative fort commode, surtout pour les artistes, à l'usage desquels ces outils sont particulièrement destinés.

En résumé, le Comité des arts économiques a l'honneur de vous proposer, Messieurs, de remercier M. Cotel de sa communication et d'insérer le présent rapport au Bulletin.

Signé : DUMAS, *Président*; TRÉBUCHET, *Rapporteur.*

*Rapport fait à l'Académie de l'industrie au nom
du Comité de manufacture.*

Messieurs,

L'emballage, sauf celui qui concerne le plus spéciale-
ment les objets d'habillement des dames, est encore à
un état voisin de l'enfance. On croirait que, pour cette
industrie, prendre une volige, la raboter un peu, puis
la clouer sur la rive d'une autre volige, est tout ce qui
constitue la science de l'emballeur. Cet état de choses se
passe de père en fils depuis nombre de siècles : car l'on
ne pourrait assigner d'époque fixe à la naissance de ce
corps d'état.

Sous le règne de Louis XIV, lors de la création des
corporations, les emballeurs ne manquèrent pas d'en
former une à leur tour ; mais à quoi a conduit cette com-
pagnie ? Vous pouvez vous faire vous-mêmes la réponse :
A rien. Pour le progrès, comme nous le disions tout à
l'heure, cette industrie a encore tout à faire.

Ayant visité les ateliers de M. Cotel, l'un rue Aubry-
le-Boucher, n° 23, nous avons vu dans cette localité,
celle qui est occupée par la famille de notre collègue depuis 1741, le système d'emballage usité jusqu'à présent,
et, nous étant transporté place du Louvre, n° 8, nous
avons été à même de remarquer le nouvel établissement
que M. Cotel vient de fonder, et dans lequel on ne s'occupe que de l'emballage des objets fragiles.

L'accueil que MM. les manufacturiers, et le public en
général, ont fait aux boîtes et aux caisses pour lesquelles M. Cotel a obtenu un brevet d'invention de quinze
années (sans garantie du gouvernement), l'a engagé à
apporter encore plus de soins dans sa manière de fabri-
quer, afin que tous les objets fragiles, en y comprenant
les glaces et les tableaux, pussent être transportés sans

courir les risques d'être brisés, dérangés, ni même détériorés.

En jetant un coup d'œil sur les différentes parties de son système, l'on sera de suite convaincu de sa supériorité. Ces boîtes sont garnies de tampons en liége, matelassés en coton, recouverts en toile, qui pénètrent dans les différentes échancrures du cadre, le pressent sans lui faire subir la moindre détérioration, et le maintiennent d'une manière invariable. Elles sont divisées en deux parties, pour placer entre les deux joints du matelas une planchette sur laquelle repose le deuxième cadre, etc., etc.

Un autre avantage est présenté au commerce par ce système d'emballage : car, si Paris est la seule capitale qui puisse fournir les cadres les mieux faits et les plus riches, c'est donc un véritable service rendu par M. Cotel à l'industrie du doreur, en lui donnant le moyen d'envoyer au loin un tableau tout encadré, avec certitude qu'on le sortira de sa boîte aussi frais qu'au moment où il a été placé.

Ce rapport a pour but de vous mettre à même de juger combien M. Cotel a mis de soin dans tous les objets qu'il soumet à votre approbation, et combien il s'est efforcé de faire sortir son industrie de la stagnation dans laquelle elle végète depuis si long-temps. Ce n'est donc pas sans un certain fondement de raison que votre commission vous propose de renvoyer le nom de M. Cotel à la commission supérieure, afin qu'elle décide ce qu'elle jugera utile de faire dans l'intérêt de ce fabricant, et qu'elle ordonne ensuite l'impression de ce rapport dans le journal des travaux de notre Société.

Signé : Dalmont, *Rapporteur*.

*Rapport fait à la Société de l'Athénée des arts.*

Messieurs,

En 1782 Roubo disait : « La partie des encaissements est une des plus considérables de tout l'art du layetier et qui demande le plus d'attention et d'expérience, vu la diversité des objets qui se trouvent tous les jours à encaisser et les soins que la plupart de ces objets exigent, soit par rapport à leur forme ou à leur qualité plus ou moins fragile. »

Ce que disait Roubo en 1782, nous nous croyons en droit de le répéter aujourd'hui, aujourd'hui surtout que les objets d'art ont atteint un si haut degré de perfection. Mais alors pourrait-on dire : Pourquoi cette difficulté n'est-elle pas déjà vaincue ou au moins considérablement diminuée? Pourquoi cette sorte de stagnation dans l'art du layetier, même en présence de cette profusion luxueuse de vases précieux, de statuettes, de tableaux, qui font la pompe de nos bazars et que nous expédions partout? N'accusons personne, Messieurs; si la sculpture et la peinture ne comptaient que cent cinquante ans d'existence, les layetiers pourraient emballer les tableaux et les statuettes, et leurs caisses seraient sans doute supérieures par leur fini à l'ouvrage qu'elles devraient protéger.

La communauté des layetiers existait déjà, il est vrai, avant 1521, mais, comme l'indique le nom de layetier-écrinier qu'ont porté d'abord les maîtres de cette communauté, ces ouvriers ne travaillaient qu'aux layettes et aux écrins; la confection des cages, des ratières, des cercueils, faisait aussi partie de leurs travaux; mais ils ne s'occupaient aucunement de l'emballage. La profession d'emballeur est un état à part, qui n'a dû être créé que long-temps après qu'on eut imaginé un moyen de transport facile pour les marchandises; je dis long-temps après, car la communauté des charrons date de 1498, et en 1767 il n'y avait encore que trente emballeurs à Paris.

Ce n'est donc qu'à l'année 1691, époque de la création de l'office de layetier-emballeur par Louis XIV, qu'il faut faire remonter l'origine de nos layetiers-emballeurs d'aujourd'hui. Depuis ce moment, en effet, ce métier a subi une métamorphose complète, notre commerce s'est accru, nos moyens de transport se sont multipliés, l'exportation est devenue facile, et le layetier a été appelé à emballer des objets d'art. Il ne s'agit plus de nos jours, pour l'ouvrier, de confectionner une caisse, son but doit être de faire parvenir intacts et à de grandes distances les objets les plus fragiles; mais, malgré les efforts que cette classe d'ouvriers a dû faire pour y réussir, le but n'avait pas été atteint. On s'est borné jusqu'ici à clouer les caisses, et, pour en retirer les objets ou pour passer à la douane, il fallait faire usage du ciseau et du marteau, faire sur les couvercles des boîtes des pesées en tous sens, et souvent on brisait les caisses et les objets qu'elles renfermaient.

Des informations que nous avons prises chez plusieurs statuaires, rue Meslay, passage des Panoramas, passage de l'Opéra, nous ont appris que ce que l'on redoute le plus c'est la nécessité où l'on se trouve pendant le voyage de changer les caisses de voitures, car alors les objets, pour n'être pas bien fixés, se heurtent, et arrivent à leur destination trop souvent mutilés et dans un état qui les rend méconnaissables. Un statuaire à qui nous demandions le montant approximatif de ses pertes annuelles nous répondit : « Il est difficile de le savoir; cette année et les deux dernières je n'ai éprouvé aucune perte, mais en 1843 j'ai perdu plus de 6,000 fr. »

Il était donc utile, Messieurs, d'obvier à tant d'inconvénients. M. Cotel a eu le bonheur d'y parvenir. Il a créé un système d'emballage qui réunit la commodité, l'agrément, et par dessus tout la sûreté. Ce qui distingue son système, c'est que ses caisses, composées de plusieurs pièces mobiles et tournant autour de charnières, s'ouvrent lorsque l'on fait lâcher prise à quatre crochets fixés sur les parois latérales, de manière que le fond se trouve isolé lorsque les parois sont abaissées. Sur le fond est une case de la largeur du pied de la statue; cette case est matelassée; sur chaque paroi se trouvent plusieurs tampons en liége matelassés qui saisissent, lorsqu'on ferme la boîte, la statue dans tous les sens et dans les parties les plus solides; un autre tampon tenant au couvercle saisit la tête, et l'objet ainsi fixé de toutes parts, lorsque la boîte est fermée, n'est sujet à aucune avarie.

En effet, pour se présenter aux vérifications de la douane, on n'a qu'à ouvrir le couvercle en poussant le crochet qui le tient, et on peut regarder dans la boîte sans rien déranger. Les secousses dans les changements de voitures n'ont plus l'inconvénient que nous avons signalé dans le système ordinaire. A la destination, enfin, on n'a, comme à la douane, qu'à pousser les crochets, à retirer les deux ou trois vis qui fixent le couvercle, les parois tombent, et la statue reste debout dans la case du fond, d'où il est facile de la retirer.

Comme on le voit, la caisse n'a éprouvé aucun dommage, c'est un meuble dont on pourra se reservir autant de fois qu'on le voudra.

L'avantage ne se borne pas là, chacun peut emballer soi-même l'objet le plus délicat; il suffit pour cela de poser cet objet dans la case du fond et de fermer la caisse. Pour les tableaux, M. Cotel visse le cadre par dessous avec un châssis mobile entrant dans une caisse par des rainures. Deux côtés opposés de ce châssis portent une planchette perpendiculaire au plan de ce dernier; ces planchettes, en garnissant le cadre du tableau, sont destinées à supporter un autre châssis sur lequel est vissé le cadre d'un second tableau, et ainsi de suite. Je serai remarquer que ce système, qui ne coûte pas plus cher que l'emballage ordinaire, est infiniment plus commode, sans cesser d'être aussi sûr, car chacun peut emballer soi-même ses tableaux et les déballer sans aucun risque, puisqu'il suffit de visser les cadres et de les empiler dans la caisse, qui peut toujours servir, ou de retirer ces mêmes cadres et de les séparer de leurs châssis.

Un deuxième système pour l'emballage des tableaux consiste à saisir le cadre par des cales vissées à un châssis sur lequel repose le tableau ; ces cales sont matelassées dans la partie qui presse le cadre ; de cette manière la dorure reste intacte, et le tableau n'est sujet à aucun dérangement. Ces deux modes d'emballage servent aussi pour les glaces. Nous ne dirons qu'un mot, Messieurs, de l'emballage des statuettes et d'animaux ; déjà vous avez jugé vous-mêmes du procédé ingénieux de M. Cotel ; le fond de la boîte, vous le savez, est matelassé ; sur ce fond sont fixées des plaques de liége, formant autant de cadres qu'il y a de sujets à emballer. Entre le liége et le matelas sont pratiquées des rainures dans lesquelles on fait glisser le piédestal de chaque statuette, en exerçant une légère pression sur le matelas, et une fois l'objet placé dans son cadre, l'élasticité des matières dont est formé le coussin le presse contre le haut de la rainure, et il se trouve ainsi fixé d'une manière invariable. Entre chaque statuette on place des rouleaux de papier de soie ou des coussins en coton ; toutes les pièces sont, de cette manière, saisies par la base et consolidées l'une par l'autre, et peuvent éprouver de grandes secousses sans aucunes avaries.

Nous ne croyons pas devoir passer sous silence une autre petite boîte, que M. Cotel appelle boîte d'artiste. Pour l'emballage des tableaux par les procédés que nous venons d'indiquer, on se sert de vis, il faut donc, par conséquent, percer le cadre ; mais alors, si l'outil entrait un peu trop avant, la dorure serait inévitablement endommagée. Pour emballer et pour déballer on a besoin de tournevis. Une fois retirés des caisses, les tableaux doivent être accrochés à des clous à tête. Pour ces différents petits ouvrages, il fallait des outils ; aussi la boîte d'artiste, dans une étendue de $0^m,15$ de longueur, de $0^m,08$ de largeur et sur $0^m,10$ de profondeur, contient-elle tous les petits outils dont l'artiste a besoin pour toutes ces petites manipulations : marteau, tenailles, ciseau, tournevis, étau, vrilles, de différent calibre, rien n'y a été oublié. Pour ne pas endommager la dorure, on trouve dans la même boîte un anneau en fer, armé d'une vis de pression ; on fixe cet anneau à une distance de la pointe de la vrille égale à la profondeur du trou que l'on veut avoir et on évite toute espèce d'accident.

Pour conclure :

Sans le secours de la paille, du foin, du papier et de toutes les matières dont se servent les autres emballeurs, et qui ont le double inconvénient de laisser les objets se déplacer et de les endommager quelquefois, M. Cotel est parvenu à leur donner une fixité qui les met à l'abri de tous dangers.

Nous sommes donc persuadés que ce système est appelé à rendre de grands services au commerce, et notre opinion se trouve corroborée par les lettres de félicitations adressées à l'inventeur par MM. Jeanne, Barre, Mène, Soha, Lavallette, qui prouvent qu'il en a déjà rendu.

En conséquence, votre commission propose à la Société 1° qu'il lui soit décerné une mention honorable dans la prochaine séance publique ; 2° qu'un rappel favorable en soit fait dans le compte-rendu des travaux de la Société.

*Signé* : **Gossart** et **Ravaut**, *rapporteurs.*

Paris, le 25 mai 1846.

*Rapport fait, en 1848, à la Société d'encouragement pour l'industrie nationale, au nom du Comité des arts économiques.*

Messieurs,

Dans un précédent rapport, publié p. 497 du bulletin de la Société, année 1846, nous avons appelé votre attention sur les perfectionnements apportés par M. Cotel au mode généralement suivi pour l'emballage et le transport des objets d'arts ; vous avez récompensé ses travaux en lui décernant une médaille de bronze dans votre séance générale du 20 janvier 1847.

M. Cotel, encouragé par votre approbation, ne s'est point arrêté dans la voie de progrès où il était entré : il vient aujourd'hui vous soumettre les nouveaux perfectionnements dont son industrie lui est redevable.

Ces perfectionnements sont nombreux ; ils s'appliquent aux procédés que vous connaissez déjà : ils consistent, en outre, dans des procédés nouveaux ; parmi ces derniers, nous avons particulièrement remarqué une charpente destinée au transport des statues, groupes et sculptures en marbre de toutes dimensions, un châssis à coulisse mobile pouvant servir au transport de tableaux de dimensions diverses, une caisse à rouleaux pour l'emballage des grandes toiles.

Le système d'après lequel est disposée cette caisse est des plus ingénieux. On sait les difficultés qu'éprouvent les artistes à préserver de tout accident les toiles qu'ils font transporter, surtout quand elles ont une grande dimension, et ce que nous disons des toiles s'applique également aux gravures et aux étoffes précieuses.

Le mode de M. Cotel consiste dans un cylindre creux, placé dans une boîte dont les planches sont mobiles, et qui est disposé de manière à se poser, à se manœuvrer et à s'enlever avec une grande facilité. La toile se fixe sur un cylindre au moyen d'une petite planchette qui s'ouvre sur toute la longueur du cylindre pour donner passage à la toile, qu'elle maintient ensuite en se refermant. On évite ainsi les clous avec lesquels on fixe habituellement l'extrémité des toiles, qui les détériorent souvent dans les parties correspondantes aux clous. Ces cylindres ont, en outre, l'avantage de tenir en suspension les objets emballés, sans aucun contact avec les parois de la boîte. Les cadres ou châssis à coulisses mobiles peuvent s'allonger ou s'élarg r au moyen d'une coulisse ménagée dans l'intérieur du châssis sur chacune de ses faces; le jeu de cette coulisse n'ôte rien à la solidité de l'emballage; le tableau ou cadre qu'on veut emballer repose toujours sur la base du cadre, et est maintenu par de petits tasseaux en liége, garnis de caoutchouc et de molleton, disposés dans les angles du châssis; ce dernier est ensuite solidement maintenu au moyen d'une corde disposée de manière qu'on n'ait à craindre aucun écart.

Pour compléter ce qui concerne le transport des tableaux, nous citerons les châssis à volets mobiles pour le transport et l'expédition des tableaux sans enlever le châssis; les pitons-poignées propres à faciliter le transport des tableaux d'un certain poids, en évitant de toucher à la dorure du cadre. Ces pitons se fixent de chaque côté du cadre au moyen d'une entaille faite dans la dorure, et sont disposés de telle sorte qu'au moyen d'un ressort qui agit sur eux, ils peuvent servir alternativement soit de poignée pour enlever le cadre, soit de pitons pour le suspendre; enfin, des emboîtures de sûreté servent à garantir les angles des cadres dans les différents déplacements qu'on leur fait subir, surtout lors des expositions.

Nous ajouterons que le prix de ces différents appareils est fort modéré. Nous voudrions parler avec détail des autres inventions de M. Cotel, et surtout des perfection-

nements remarquables qu'il a apportés dans ses boîtes
servant à l'emballage des statuettes, porcelaines et autres objets fragiles. Rien en effet n'est plus ingénieux
que la disposition de ces boîtes, dans lesquelles les objets
les plus délicats, les plus fragiles, peuvent être transportés à de grandes distances, subir même les chocs les
plus violents sans en éprouver le moindre dommage.
Aussi nous n'hésitons pas à dire que M. Cotel a opéré une
véritable révolution dans l'industrie de l'emballeur, et
qu'il a fait un art de cette industrie, qui, jusqu'à lui, a-
vait fait des progrès peu sensibles. En résumé, nous ne
pouvons que répéter ce que nous avons déjà dit au sujet des inventions de M. Cotel : on doit les considérer
comme ayant rendu, surtout aux artistes, de véritables
services, et sous ce rapport elles méritent tout l'intérêt
de la société.

Nous avons donc l'honneur de vous proposer, Messieurs, de remercier M. Cotel de la communication, et
d'insérer le présent rapport au bulletin avec le dessin de
ses principaux appareils.

Approuvé en séance, le 16 février 1848.

Signé : Dumas, *Président*; Trébuchet, *Rapporteur*.

---

*Rapport fait à l'Académie de l'industrie, au nom du
Comité des manufactures, le 8 juillet 1847.*

L'attention de notre Académie ayant encore été appelée cette année par M. Cotel sur ses divers systèmes
d'emballage des objets fragiles, votre première commission s'est réunie de nouveau pour examiner les nouvelles améliorations ou propositions de M. Cotel. Cette
commission m'a chargé, Messieurs, de vous présenter
le résultat de son nouvel examen dans le rapport suivant.

L'usage ayant fait comprendre à M. Cotel quels étaient les perfectionnements qu'il devait apporter à son système, il s'est surtout occupé d'une chose qui n'était pas encore parvenue à maturité lors du rapport précédent : son but a été d'arriver à l'emballage et au transport des statues de grandeur naturelle et des grandes toiles envoyées sans cadre ni châssis.

M. Cotel vous soumet donc une amélioration pour l'emballage des statuettes, des cadres, des tableaux, des glaces, et de tous les objets qui se transportent ainsi renfermés et qui doivent se produire dans les localités ou expositions différentes et successives, sans que l'auteur des objets qu'ils renferment soit obligé de voyager avec eux. Il vous soumet en outre de nouveaux moyens donnant la facilité de transporter les statues de grandeur naturelle et au dessus, ainsi que les toiles peintes de toutes dimensions, sans châssis et sans cadre. Enfin, il vous soumet aussi une caisse à emballage combinée de telle sorte qu'elle puisse servir, sans y rien changer, pour un petit objet, et ensuite pour un objet de grande dimension.

Vous voyez, Messieurs, par ce rapport, que M. Cotel persévère toujours dans la voie des améliorations, et que rien ne l'arrête pour trouver des moyens nouveaux propres à perfectionner la branche d'industrie qu'il pratique avec tant de soins et d'habileté : votre commission pense donc qu'il serait juste, pour encourager les efforts de ce fabricant, qui ne cesse de chercher à reculer les limites du système d'emballage actuellement en usage, de renvoyer son nom devant la commission supérieure, afin qu'elle fasse ce qu'elle jugera convenable dans son intérêt, et de décider que le présent rapport sera inséré dans le journal de nos travaux.

Signé : DALMONT, *Rapporteur, Membre de la Société centrale des Architectes de Paris.*

*Rapport fait à l'Athénée des arts.*

Messieurs,

Dans un premier rapport sur les inventions de M. Cotel, nous vous avons indiqué les moyens ingénieux de ce dernier pour emballer les objets les plus fragiles et les plus précieux, comme tableaux, pendules, statuettes, etc., etc. Nous avons dit comment les objets ainsi emballés peuvent être envoyés même à de grandes distances sans risquer d'être endommagés, et notre rapport et nos conclusions ont été approuvés par la Société. Nous ne nous occuperons donc pas ici de ce qui fait l'objet de ce premier rapport, et nous nous bornerons à examiner les inventions que M. Cotel a ajoutées à celles dont nous avons déjà rendu compte.

Les découvertes récentes de M. Cotel sont au nombre de quatre : 1° une charpente pour emballer les statues de toutes dimensions ; 2° un cadre, nommé cadre à coulisse, pour emballer les tableaux ; 3° un châssis, appelé châssis pour expositions ; 4° une boîte, appelée boîte à rouleau, pour les toiles. Nous allons examiner les quatre objets.

La charpente se compose de quatre montants en bois, liés entre eux, à des distances convenables, par des traverses qui entrent dans des mortaises. La traverse qui joint entre eux les deux montants du devant et celle qui joint semblablement les deux montants de derrière sont mobiles, c'est-à-dire qu'elles peuvent entrer dans leurs mortaises, et en sortir quand il s'agit d'emballer ou de déballer la statue. Les traverses latérales sont fixées invariablement aux montants. La base, de forme rectangulaire, a aux quatre angles quatre tenons qui entrent dans les mortaises de chacun des montants, et ces montants sont fixés à cette base par des boulons dont les têtes sont percées chacune de quatre trous au moyen desquels, à l'aide d'un poinçon, on serre les montants contre la base. Il est important de remarquer que ces boulons ne peuvent pas se perdre. Pour arriver à ce résultat on a évidé la partie comprise entre le filet et la tête de la vis; on a introduit cette vis dans une plaque de fermeture carrée, fendue à dessein pour cette introduction; la plaque est ensuite redressée et clouée aux quatre coins de la base de la charpente; de cette manière les boulons peuvent être revissés; mais le filet de la vis, ne pouvant pas traverser la plaque, ne permet pas qu'on puisse les séparer de la charpente.

Sur la base de la charpente il y a trois planches de forme rectangulaire et qui sont superposées; la première est pleine, elle est destinée à recevoir le piédestal de la statue; la seconde et la troisième sont découpées suivant la forme du piédestal; ces deux dernières sont de plus divisées en deux parties, dans le sens de la largeur de la charpente. Des boulons à anneaux, et disposés comme ceux dont nous venons de parler, fixent les deux planches découpées à celles que porte la statue, et ces trois planches sont assujetties et solidement maintenues par une encoche faite à chaque montant.

Aux traverses qui réunissent les quatre montants de la charpente sont placées des vis à clé qui, à leurs extrémités intérieures, sont munies d'une pièce de bois garnie de caoutchouc et de molleton, et constituent ainsi un appareil bien propre à presser la statue dans tous les sens et à la préserver contre les chocs.

Le sommet de la charpente a, aux quatre angles, des mortaises garnies de boulons à têtes semblables à ceux de la base, et qui servent à maintenir invariablement dans ces mortaises les tenons des quatre montants.

Pour emballer une statue, il y aura donc 1° à démonter le sommet de la charpente, 2° à dévisser les boulons qui fixent deux des montants à la base, 3° à placer le support, 4° à emboîter le piédestal dans les deux planchettes découpées, 5° à fixer ces trois planches ensemble au moyen des vis à anneaux, 6° à revisser les montants pour fixer les trois planches et la statue à la base de la charpente, 7° à remettre le sommet de la charpente, 8° à presser le corps de la statue dans tous les sens au moyen des tampons dont sont munies les vis à clé.

Pour déballer on suivrait la marche inverse. Nous ferons remarquer que les anneaux des vis qui fixent ensemble les trois planches placées sur la base de la charpente seraient utiles si la statue avait un poids assez considérable. En effet, pour enlever cette statue on n'aurait qu'à passer deux verges de fer, par exemple, ou deux morceaux de bois dans ces anneaux, pour se faire une sorte de brancard à l'aide duquel deux ou quatre hommes pourraient se mettre à l'œuvre.

2° Le cadre à coulisse a reçu son nom d'une coulisse pratiquée dans l'épaisseur de chacun des côtés qui constituent le cadre. Ce cadre est de forme carrée. Chaque côté du carré se divise en deux à son milieu; l'une des moitiés se continue en un prolongement qui s'introduit lorsqu'on rapproche les deux moitiés dans une mortaise pratiquée dans l'autre moitié. On comprend alors que ce cadre peut s'agrandir en tous sens, c'est-à-dire peut prendre une forme carrée plus grande, ou la forme d'un rectangle, suivant celle du cadre que l'on veut emballer.

Pour emballer un tableau, on en pose le cadre sur le cadre à coulisse; on resserre ensuite la coulisse jusqu'à ce que les tampons faits en caoutchouc et recouverts de molleton viennent saisir le cadre aux quatre angles. Un petit tasseau de liége rembourré presse aussi le tableau par les quatre côtés. De cette manière ce dernier est invariablement fixé. Pour prévenir mieux encore l'écartement des côtés du cadre à coulisse, on attache sur l'un des côtés une corde plate qui, au moyen de ce que l'on appelle une croix de Lorraine, serre toutes les parties de ce cadre, sans qu'il y ait à craindre le plus petit dérangement.

3° Le châssis se compose de quatre planches disposées en carré, avec un intervalle vide au milieu. On fixe le cadre sur ces planches au moyen de vis. La planche du haut est armée d'une patte trouée en fer et à charnière, qui se replie sur la planche lorsque le cadre est dans la caisse d'emballage, et elle s'ouvre quand on retire le cadre de la caisse, pour accrocher ce dernier à l'endroit indiqué pour l'exposition. Deux traverses en bois, fixées par derrière sur les planches qui forment le haut et le bas du châssis, sont munies chacune de deux attaches en fer tournant autour d'un pivot placé à leur centre, et ces attaches sont destinées à tenir cachés les volets du châssis, pendant que le tableau est exposé. Ces volets sont deux planches évidées, fixées à droite et à gauche du châssis par des charnières en fer qui permettent de les redresser pour protéger le cadre, quand on le met dans la caisse d'emballage.

4° La caisse à rouleau est une boîte en forme de prisme rectangulaire. La planche de l'une des extrémités de cette boîte est mobile, et quand on l'enlève elle laisse à découvert le cylindre ou rouleau qui se trouve dans la boîte. Le couvercle, lui aussi, s'enlève et se remet à volonté. La planche latérale, dite de devant, est divisée en deux parties, qui se joignent au moyen d'une rainure. La partie supérieure de cette planche est mobile, et s'enlève comme le couvercle, de sorte que le cylindre est presque entièrement découvert. Deux crochets, fixés aux deux planches qui forment les deux extrémités de la boîte, s'abattent, quand on veut fermer celle-ci, sur la planche latérale mobile, et la fixent complétement au corps de la boîte. Le cylindre est muni d'un axe qui le traverse dans toute sa longueur. Cet axe s'appuie, d'un côté, dans une mortaise pratiquée dans la paroi du fond de la boîte, et, de l'autre, sur une planche fixe qui ne s'élève qu'à la moitié de la hauteur de la boîte. Cet axe dépasse l'épaisseur de la planche d'une longueur d'environ 15 millim. Cette partie de l'axe est carrée et reçoit une manivelle dont on s'aide pour faire tourner le cylindre, et qui trouve aussi place dans la boîte. Cette extrémité de l'axe, lorsqu'on a retiré la manivelle, est reçue dans une rainure de la planche mobile que forme la boîte, de ce côté. Le cylindre est creux sur sa surface convexe, et dans le sens de l'axe on a enlevé une planche d'environ deux centimètres de largeur, puis on a fixé cette planchette au moyen de charnières placées en long, de sorte qu'on peut l'ouvrir et la fermer à volonté. Dans le cylindre, le côté opposé à celui où sont les charnières est garni de petites pointes destinées à fixer par un bout la toile ou l'étoffe que l'on veut enrouler. Ainsi, pour emballer une toile ou une étoffe, on la perce par un bout des pointes dont nous venons de parler, on ferme la planchette, et on fixe cette dernière au moyen de crochets, puis avec la manivelle on tourne le cylindre. Après cela, on n'a plus qu'à nouer un ruban autour du cylindre, pour que l'étoffe ne puisse pas se dérouler.

Nous ferons remarquer que dans une même caisse pourraient être disposés plusieurs cylindres, de la même manière que celui dont nous venons de parler. Jusqu'à présent, Messieurs, nous nous sommes bornés à la simple description des nouvelles inventions de M. Cotel, mais nous pensons que cette description vous suffira comme à nous pour comprendre tout le mérite de ces inventions; pour votre commission, il reste clairement établi que le système d'emballage de M. Cotel offre toutes les garanties désirables; que les objets les plus précieux, les plus fragiles, emballés suivant ce système, peuvent subir des chocs, même très violents, sans se briser ou se détériorer, et qu'enfin le peintre et le sculpteur peuvent désormais et sans crainte envoyer, le premier ses tableaux, le second ses statues, partout où il lui plaira.

Cela établi, Messieurs, votre commission pense que, si vous avez accordé à M. Cotel une mention honorable pour le récompenser de ses premiers travaux et l'encourager dans la voie qu'il a su s'ouvrir, vous devez lui décerner une médaille, maintenant qu'il semble avoir mis en usage toutes les ressources de son art, maintenant que son travail ne laisse plus rien à désirer pour les besoins actuels du commerce.

Signé : Lebois de Glatigny, Gossard, Huguenin, Mathieu et Raveaud, *Rapporteur.*

Paris, ce 17 mai 1847.

---

*Rapport du Comité central des artistes.*

Messieurs,

Dans la séance du 26 mars, le Comité a admis M. Cotel à lui présenter les modèles de ses différents systèmes d'emballage de tableaux et de statues ; après les avoir examinés avec un vif intérêt, le Comité a décidé qu'une commission spéciale serait chargée, après un nouvel examen, de lui en faire un rapport.

Votre Commission ayant rempli la mission que vous lui avez confiée, je vais avoir l'honneur de vous soumettre le p'us brièvement possible le résultat de ses remarques. Avant d'entrer dans le détail descriptif des systèmes de M. Cotel, je crois qu'il est bon de rappeler quels sont les principaux inconvénients du mode d'emballage actuel des tableaux et des statues ; cela nous amènera à déduire, comme conséquences, des principes qui ne sont autres que ceux sur lesquels reposent les différents systèmes dus aux recherches de M. Cotel.

Ces inconvénients, quoique assez nombreux, peuvent néanmoins se résumer ou deux principaux, que voici : 1° l'emploi, pour la confection des boîtes, de clous enfoncés à coups de marteau, de telle façon que, si l'objet a résisté au travail de l'emballage, il est rare, surtout s'il est fragile, qu'il ne soit pas endommagé lors du déballage, attendu que pour retirer ces clous on est obligé d'employer des moyens violents, tels que pesées, coups, etc., qui occasionnent tous un ébranlement dangereux.

Le deuxième inconvénient, qui est une conséquence du premier, consiste dans l'emballage en lui-même, qui rend l'objet solidaire de l'enveloppe extérieure, de telle sorte que les chocs reçus par cette enveloppe peuvent lui être transmis.

Ces deux inconvénients, qui seraient d'une médiocre importance si les objets étaient touchés par des mains intelligentes et sous l'œil d'un artiste, sont beaucoup plus graves lorsque ces objets sont destinés à être envoyés en pays étrangers, et soumis aux visites des douanes, visites qui, comme on le sait, ne se font pas toujours avec le soin et l'attention qu'exigent les objets d'art.

C'est donc en vue de remédier à ces inconvénients que M. Cotel a combiné ses différents systèmes; aussi ont-ils pour principes fondamentaux l'emploi de boutons de vis au lieu de clous, et d'isoler de l'enveloppe extérieure l'objet emballé, de telle sorte que les chocs reçus par cette enveloppe dans les différentes phases du transport ne lui sont pas transmis d'une manière sensible.

Ces bases une fois posées pour l'intelligence de la description, nous classerons les différents systèmes de M. Cotel ainsi qu'il suit :

1° Les systèmes ayant pour objet l'emballage des toiles peintes de grande dimension non fixées sur châssis.

2° Ceux qui ont pour but l'emballage des toiles peintes sur châssis de toutes dimensions, encadrées ou non encadrées, gravures, glaces, etc.

3° Dans cette dernière classe nous placerons les systèmes d'emballage des œuvres de sculpture de toutes dimensions.

PREMIÈRE CLASSE. — *Toiles peintes de toutes dimensions, non fixées sur châssis.* — Pour emballer ces toiles, M. Cotel fait usage d'un rouleau-cylindre, ce rouleau est suspendu dans la caisse par ses deux extrémités ; il est percé dans sa longueur d'une rainure dans laquelle on fixe avec des pointes de fer l'extrémité de la toile ; cette rainure est fermée au moyen d'un couvercle.

Cette opération préliminaire achevée, on imprime au rouleau, au moyen d'une manivelle fixée à une de ses extrémités, un mouvement de rotation, de telle sorte que la toile s'enroule d'elle-même ; il ne reste plus ensuite qu'à la lier sur le rouleau au moyen de rubans, et à placer le tout dans une boîte. Avec les procédés ordinaires on l'emballe. Ainsi que vous avez pu le remarquer, les avantages de ce système consistent particulièrement dans l'enroulement de la toile sans avoir recours aux mains, qui exercent toujours sur elle une pression redoutable ; la toile au lieu d'être enroulée en dedans, comme cela a lieu ordinairement, s'enroule au contraire en dessus, de façon à ne pas donner lieu aux gerçures si regrettables qu'entraîne toujours l'emploi des moyens ordinaires.

M. Cotel, prévoyant le cas où des toiles fraîchement peintes devraient être emballées, a imaginé un cylindre à l'intérieur duquel sont disposées des traverses distantes les unes des autres, et sur lesquelles la toile s'enroule du bas en haut, en laissant l'isolement nécessaire pour éviter le contact des différentes parties et afin de permettre, en outre, la circulation de l'air. Comme le dans le cas précédent, le cylindre, à l'intérieur duquel se trouve la toile fraîche, est placé dans une caisse d'emballage ordinaire.

2ᵉ Classe. — *Toiles peintes sur châssis, encadrées ou non encadrées, gravures, glaces, etc.* — L'emballage des différents objets composant cette classe a été prévu par M. Cotel. Parmi ces principaux systèmes j'appellerai votre attention, Messieurs, sur une boîte, dite cuvette, destinée à l'emballage des tableaux encadrés envoyés aux expositions départementales et étrangères.

Ce système consiste dans une boîte, formant cuvette,

de la forme du tableau. Cette boîte, peinte entièrement en noir, reçoit à l'extérieur le ton le plus convenable au sujet.

La cuvette ainsi préparée, le tableau y est fixé au moyen de vis placées par derrière. La boîte est ensuite fermée par son couvercle, fixé avec vis, bordé autour et garni d'emboîtures aux angles, afin de les préserver des chocs. Cette boîte, ainsi close, est placée dans une caisse d'emballage ordinaire.

Lorsque les dimensions du tableau sont telles que l'emploi des boîtes-cuvettes ne peut plus avoir lieu, M. Cotel fait usage d'un châssis, dit *châssis à volets*, qui en remplit les mêmes conditions. Les volets sont fixés au châssis au moyen de charnières, qui se relèvent pour protéger les bords du cadre lorsqu'on procède à l'emballage, ou bien se rabattent par derrière lorsque le tableau est exposé.

Ce châssis, fixé au tableau par des vis, ne lui nuit en rien. Il peut même être revêtu d'une couleur destinée à faire valoir la bordure.

Lorsque le tableau est fixé sur son châssis, que les volets sont relevés au moyen de sangles attachées aux angles, on le descend dans une caisse d'emballage. Pour l'envoi de petits tableaux aux expositions, M. Cotel a imaginé un châssis d'une construction telle qu'elle permet d'en modifier la grandeur dans certaines limites. Le nom donné à ce système par M. Cotel indique assez bien par quels moyens s'opèrent ces changements de grandeurs. Ce châssis s'appelle châssis à coulisse. J'aurai l'honneur de vous faire remarquer en passant, Messieurs, que dans les trois systèmes que nous venons d'examiner, le châssis protecteur ne quitte jamais le tableau, pas même à l'exposition, ce qui donne une grande garantie pour la conservation des cadres, qui sont souvent endommagés lors du placement des tableaux.

Lorsque les tableaux sont de forme ovale, ce qui a lieu assez fréquemment aujourd'hui, M. Cotel les place sur des châssis garnis de cales en liége et matelassés de façon à maintenir parfaitement le cadre, en protégeant les ornements dont il peut être décoré.

M. Cotel, guidé par ce désir d'apporter à son art toutes les améliorations possibles, a également inventé des boîtes auxquelles il a donné son nom, et qui sont destinées à renfermer les tableaux de petites dimensions, précieux tant sous le rapport de l'art que sous celui du prix attaché à ces œuvres comme souvenirs. Ces boîtes, garnies à l'intérieur d'étoupe et de molleton, de façon à prendre la forme exacte du cadre, en le maintenant au droit des parties fortes, sont fermées au moyen d'un couvercle, également matelassé.

Je n'ai pas besoin d'indiquer ici que ces systèmes sont également applicables à des produits industriels, tels que glaces, porcelaines, etc.

Avant de passer à l'examen des systèmes d'emballage des œuvres de sculpture, je ne veux pas oublier de mentionner quelques inventions de M. Cotel, qui, quoique très simples comme exécution, n'en sont pas moins d'une grande utilité. J'indiquerai donc les angles de sûreté fixés à ceux du cadre au moyen de vis, et les garantissant des chocs qu'entraîne inévitablement toute exposition de tableaux.

Je mentionnerai également un petit appareil, appelé *porte-ovale*, et qui sert à maintenir sur les chevalets les toiles de forme ovale. Ce système très simple permet, au moyen de crémaillère dont il est muni, de servir pour plusieurs grandeurs.

Maintenant, Messieurs, je vais passer à l'examen des systèmes d'emballage des œuvres de sculptures de toutes dimensions. C'est principalement ici que nous reconnaîtrons l'importance des travaux de M. Cotel, tant sous le rapport de l'invention que comme moyen puissant de faciliter le placement des œuvres de la statuaire.

Le premier système employé par M. Cotel consistait à placer d'abord la statue sur un socle, garni de liége,

destiné à lui donner toute la stabilité possible, puis ensuite à la maintenir, en la saisissant au droit des parties
fortes, à l'aide de vis de pression garnies d'étoupe et
placées symétriquement. Ces vis, fixées à un système
général de charpente, dont les différentes parties étaient
reliées entre elles au moyen de boulons, permettaient
par leur action combinée de ne faire qu'un même tout
de la statue et du système de charpente enveloppant. Ce
mode, permettant, ainsi qu'il est facile de s'en rendre
compte, de tout démonter sans employer le marteau,
réunissait déjà de grands avantages ; mais son prix de
revient élevé pouvant le rendre inapplicable dans bien
des circonstances, M. Cotel, à la suite de nouvelles recherches, est arrivé à un système présentant encore plus
d'avantages que le premier, et coûtant un tiers moins
cher. Voici en quoi il consiste :

Le socle qui reçoit celui de la statue est double en bois,
posé en sens inverse, et plaqué de liége pour les motifs
ci-dessus énoncés. A ce socle se trouve fixé, au moyen de
boulons, un encadrement en charpente, auquel sont
adaptés, avec des charnières pour en permettre le développement, quatre grands montants en plats-bords. Ces
montants relevés sur les quatre faces de la statue, on y
applique des traverses garnies de molleton, qui, à différentes hauteurs et au droit des parties fortes, embrassent
la statue. Cela fait, on enveloppe avec des cordages les
montants des différentes faces, que l'on coiffe ensuite
d'un chapeau vissé et boulonné qui maintient tout le
système.

Il ne reste plus alors, que ce premier emballage est
fait, qu'à placer le tout dans une caisse de construction
ordinaire, où on l'assujettit au moyen d'étoupe, paille,
foin, etc., etc. Il est bien évident que, quoi qu'il arrive,
la première enveloppe, recevant un choc, ne pourra le
transmettre à celle intérieure, dont elle est séparée par
un calage compressible ; et alors même que le contre-
coup pourrait traverser le calage qui, par sa nature, doit

l'amortir complétement, l'objet emballé se trouverait encore préservé par le système de montants et de traverses qui, en le serrant de toutes parts, sert encore à le garantir.

J'aurais encore à vous parler, Messieurs, des ingénieux procédés qu'emploie déjà depuis plusieurs années et avec un plein succès M. Cotel pour l'emballage des statuettes, bronzes d'art, porcelaines précieuses, que les artistes de Paris envoient à toutes les expositions de l'Europe; mais comme ils sont tous basés sur les principes que nous avons posés en commençant, et dont nous avons reconnu l'existence dans les différents systèmes décrits plus haut, je n'en parlerai pas. Seulement permettez-moi, avant de terminer cette description, de vous signaler une invention récente de M. Cotel, et dont le but est de conserver long-temps humides les statues et autres ouvrages en terre, dont les artistes peuvent être obligés de suspendre momentanément l'exécution. Ces boîtes, dites humidifères, ont déjà reçu la sanction de l'expérience. Votre commission a pensé, Messieurs, qu'après avoir examiné ces divers systèmes au point de vue des résultats pratiques, elle devait aussi s'occuper de la question non moins importante de leur prix de revient; elle a reconnu que, vu les avantages que présentent ces systèmes sur ceux ordinairement employés, vu également la facilité que donne la location possible d'une partie de ces objets au lieu d'une acquisition complète, il y avait avantage réel au point de vue économique à employer le système Cotel. Maintenant, Messieurs, que notre description est terminée, il ne nous reste plus qu'à exprimer à M. Cotel nos remercîments pour les services que ses procédés sont destinés à rendre à l'art et aux artistes. Engageons-le à persévérer dans la voie de progrès où il a fait entrer une industrie qui jusqu'à présent était restée stationnaire, et espérons que, par cette facilité nouvelle à transmettre leurs travaux, les artistes enverront leurs œuvres jusque dans les régions lointaines où, le goût des arts contribue au développement de la civilisation.

Signé : GALLOIS, rapporteur.

Ce rapport a été approuvé par le Comité central des artistes, dans sa séance du 23 avril 1849.

---

*Rapport fait à la Société libre des Beaux-Arts, en sa séance du 8 mai 1849.*

Messieurs,

Au mois de novembre 1845, je fus chargé de vous faire un rapport sur différents modes d'emballage inventés par M. Cotel, afin d'engager cet industriel distingué à persévérer dans les recherches de nouvelles améliorations ; et reconnaissant déjà les avantages de son système, vous lui avez accordé une mention honorable.

Vous n'avez pas été les seuls, Messieurs, qui ayez apprécié les efforts nombreux auxquels il s'est livré pour la conservation de nos œuvres les plus précieuses ; aussi, plusieurs Sociétés savantes ont-elles applaudi à son zèle en lui accordant des médailles.

Mais M. Cotel n'oublie pas que notre Société a été la première qui l'ait encouragé, et c'est avec un empressement dont sans doute vous lui tiendrez compte qu'il vient aujourd'hui vous soumettre tous les perfectionnements qu'il a ajoutés à ses premières inventions, désireux qu'il est, avant tout, d'obtenir votre suffrage, auquel il attache le plus grand prix.

C'est dans cet espoir que, dans une de vos dernières séances, il est venu vous présenter les résultats de ses nouveaux efforts de perfectionnements, où, tout en ménageant les intérêts des artistes, il a cherché à garantir de tout accident les objets d'arts, quelle que fût leur délicatesse ou leur dimension. C'est de cet examen que votre commission m'a chargé de vous entretenir.

Lorsque M. Cotel vous présenta pour la première fois son mode d'emballage pour les statues, tout en l'approuvant vous le trouvâtes trop dispendieux. Reconnaissant la justesse de cette observation, M. Cotel s'est empressé de le simplifier de manière à le rendre moins dispendieux, sans en détruire la sécurité, à ce point que plusieurs statues emballées récemment par son nouveau système sont arrivées au but d'un long voyage sans avoir éprouvé le plus léger accident. Un nouveau moyen, qui consiste à pouvoir enrouler sur un cylindre une toile fraîchement peinte, a surtout attiré l'attention de votre commission, et nous devons entrer dans quelques détails pour vous mettre à même d'apprécier cette heureuse idée, qui n'est déjà plus un essai, puisqu'un artiste, M. Jacquand, en a fait usage pour envoyer une toile à peine achevée à un graveur en province; cette toile est arrivée en parfait état de conservation. Ce procédé est aussi simple qu'économique. Voici en quoi il consiste : on fixe la toile sur son envers au centre du cylindre au moyen de quelques pitons, et, à chaque tour qui s'opère, la toile est isolée au moyen de tringles de bois numérotées, et dont la place est indiquée d'avance. Les vides qui se font entre les tringles sont garnis de courroies en cuir disposées en lacet, afin que la toile, fléchissant par son propre poids, ne vienne à se toucher. L'extrémité de la toile est également arrêtée par des pitons. Le cylindre, ainsi disposé, est enfermé et isolé dans une caisse hermétiquement close, et sans qu'aucun objet étranger puisse s'attacher à la couleur encore fraîche.

Ce moyen, qui prolonge le temps si précieux consacré à l'achèvement de nos œuvres, doit être apprécié par tous les artistes consciencieux, et nous devons plus que des remercîments à celui qui nous rend un service aussi signalé. Il est bon de vous faire observer que cet emballage est d'une prompte exécution.

Nous avons tous éprouvé le déplaisir assez vif de voir nos encadrements revenir des expositions dans un état de dégradation tel, qu'il y avait nécessité de les renvoyer chez le doreur, afin d'être remis à peu près en état. M. Cotel a paré à ces accidents au moyen de coins mobiles qui s'adaptent aux cadres, ce qui permet de faire glisser aisément les tableaux sans craindre d'endommager les angles des bordures. En outre, on y place des pitons-poignées pour en faciliter le transport : moyen très utile et presque indispensable pour les toiles de grandes dimensions, en ce qu'il préserve les dorures du contact des mains, et les tableaux du danger de se détacher des bordures, en les pendant par la traverse.

En énumérant de nouveau les principales inventions de M. Cotel, votre commission a vu de plus haut que la conservation des accessoires qui servent à rehausser les productions des arts, surtout au moment où mille circonstances amènent le déplacement fréquent des œuvres les plus capitales des anciens maîtres, déplacement souvent funeste qui les expose à des altérations irréparables. Aussi est-ce forte de l'opinion d'un de nos plus grands peintres, qu'elle recommande à toute votre bienveillance les services éminemment utiles auxquels sont appelées les inventions de M. Cotel.

Une simple citation pour terminer ce rapport vous donnera la mesure de l'importance dont ils ont été aux yeux de votre commission.

Nicolas Poussin écrivait en 1641 à M. de Chanteloup, en parlant des portraits du roi et de Son Eminence : « Je les ai reçus assez mal conditionnés, d'autant que la » caisse fut ouverte par ceux de la poste, et lesdits por- » traits remis si négligemment et si mal roulés, qu'avec » grandissime peine on les a pu restaurer; les toiles s'é- » taient attachées avec la peinture en telle façon que, » particulièrement, le champ et les cheveux ont été rui- » nés. La faute aura pu être commise particulièrement à » Paris, là où la caisse a demeuré huit jours ; ensuite

» ceux de Lyon et de Rome en auront fait do même (1). »

En conséquence, votre commission vous propose le renvoi de ce rapport au Comité des récompenses.

Signé : Eug. VAVIN, *rapporteur*.

_______________

(1) Collections des lettres de Nicolas Poussin. Firmin Didot, 1821, p. 59.

# EXTRAITS DE JOURNAUX

## ET

# ATTESTATIONS DIVERSES.

*Extrait du Journal des Artistes et du bulletin de l'Ami des des arts. — 1847. (2e partie, 17e livraison )*

Quand un homme fait tourner son industrie au profit des arts et surtout des artistes, il y aurait plus que de l'injustice de notre part, par cela seul qu'il ne tient ni une palette, ni un ébauchoir, ni un burin, à le laisser de côté ou dans le plus profond oubli. Une des plus honorables tâches du journalisme est d'aller partout chercher le mérite, qu'il se cache sous la blouse de l'artisan ou sous le vêtement à peu près semblable du peintre dans son atelier. Nous n'avons jamais manqué à cette tâche, et nos encouragements ont suivi nos découvertes toutes les fois que nous n'y avons pas vu rayonner l'auréole du charlatanisme, car, pour les gens qui savent, avec adresse, se parer des plumes du paon, ou se complaisent dans une atmosphère d'intrigues, nous sommes, on le sait, fort peu traitables. Aussi notre opinion a-t-elle acquis un certain poids, et le prix que l'on y attache généralement nous console-t-il des quelques clameurs poussées par le petit nombre des personnes censurées justement, quoique vivement, mais jamais avec d'autre intention que celle de leur désiller les yeux et de les ramener dans la bonne route. Qu'on nous reproche donc notre vivacité, nous le voulons bien ; mais le critique qui sent vivement, écrit comme il sent, et, tout en avouant que parfois, peut-être, ses expressions pourraient être moins dures, moins sévères, quand il déclare en toute franchise qu'il croit toujours rester dans les bornes des plus strictes convenances, il doit être absous; en tous cas, blâme ou éloge, ils partent d'un sentiment d'équité, aucune arrière-pensée ne nous les dicte l'un ou l'autre, et quand nous nous trompons, ce qui nous arrive tout comme aux autres, attendu qu'il n'y a guère d'infaillibilité dans ce bas monde, c'est toujours de bonne foi.

Ce préambule nous a semblé nécessaire avant d'entrer en matière sur une question qui, tout en se rattachant aux arts, n'est point artistique dans son essence. En effet, cette question est toute industrielle, fort simple en apparence, mais on ne peut pas plus intéressante par ses diverses combinaisons aussi ingénieuses qu'économiques; il s'agit de l'emballage d'objets d'arts, mais de l'emballage inventé par M. Cotel, c'est-à-dire sortant des banalités connues.

Les boîtes de ce fabricant sont faites de telle sorte que les tableaux, les cadres et les statuettes, y sont très solidement maintenus. Pas de ces masses de clous, de papier, de tampons, qui augmentent beaucoup le poids et qui ajoutent à l'embarras des déballages : quelques vis à mettre pour les fermer, et quelques vis à ôter pour les ouvrir. Voilà tout. Par conséquent, pas de ces masses de coups de marteau qui ébranlent les objets fragiles et occasionnent tant de sinistres, principalement aux douanes, à l'octroi, où ces opérations se font avec la plus déplorable précipitation et une négligence impardonnable. Grâce à elles, la *Vénus de Milo*, soit de grandeur naturelle, soit réduite par l'admirable procédé de Colas; le *Ravissement de saint Paul*, ou tout autre chef-d'œuvre, iront dans toutes les capitales du monde, par terre et par mer, et à moins qu'un navire ne coule, qu'un wagon ne saute, ils reviendront au lieu du retour en aussi parfaite conservation qu'au moment du départ. Ce que nous disons là n'est point exagéré, nous en appelons à MM. Beaune, Brun, Chassevant et Delacroix, Duplat, Dussaure, Duval-Lecamus, père et fils; Galimard, J. Jollivet, Lepouille, Ad. Lessieux, Labin, Loncle, Macland, Pérignon, Roland, Steinhëil, Thevenin, Thuillier, Horace Vernet et Émile Wattier, peintres; à MM. Bion, Dantan, Desbœufs, Gayrard, père et fils; Huguenin, Lévêque, Mène, comte de Nieuwerkerke, Pradier, Rouillard, E. Thomas et Valois, statuaires; à MM. Allais, Calamatta, Martinet et Mercury, graveurs; à M. Alp. Giroux, à M. Souty, à M. le baron Taylor, à M. Schroth, le plus loyal, le plus honnête de tous les experts en fait de tableaux, s'il fut jamais un honnête homme parmi eux, comme parmi les avoués ou les maquignons : à M. Schroth, qui vient de parcourir la Belgique et la Hollande dans tous les sens, par eau et par vapeur, pendant plus de trois mois. Qu'on les interroge, eux qui, déjà à plusieurs reprises, se sont servis des caisses de M. Cotel, ils répondront tous qu'aucun mode d'emballage usité jusqu'ici ne présente plus d'avantages et moins de dangers. Ajoutez à cela l'économie, car M. Cotel croirait n'avoir fait que la moitié de la besogne si, en apportant des améliorations remarquables à cette branche de l'industrie, si négligée et cependant si importante pour les artistes, il n'avait pas résolu le problème du bon marché. Payer moins cher et avoir plus de sécurité, ou plutôt n'avoir aucune espèce d'inquiétude pour ses œuvres, que désirer de plus?

A. H. DELANAY.

## Lettres adressées à M. Cotel.

Monsieur,

Après avoir examiné avec soin votre ingénieuse et

solide manière d'emballer les objets fragiles et précieux, je me fais un véritable plaisir d'y donner mon entière approbation, et j'affirme qu'il n'est pas possible d'employer un système d'emballage plus sûr et meilleur que le vôtre. Croyez, Monsieur, que je ne laisserai jamais échapper l'occasion de le recommander.

Recevez, Monsieur, l'assurance de ma parfaite considération,

HORACE VERNET, *membre de l'Institut.*

———

Je suis enchanté, Monsieur, de vous délivrer un certificat qui est tout à votre avantage. Jusqu'à ce jour on n'était pas parvenu à emballer avec autant de soin et une sécurité aussi parfaite pour les statues et statuettes fragiles qu'on envoyait au loin.

Vos moyens, Monsieur, simples et peu dispendieux, donnant toute la facilité à qui que ce soit d'ouvrir, fermer, déballer et réemballer, font que vos procédés sont les meilleurs, sans contredit, et que nous vous devons des remercîments et encouragements.

J'ai l'honneur d'être, Monsieur,

Votre dévoué.

Pradier, *membre de l'Institut.*

———

Monsieur,

Les statuettes et moules de madame Pauline Garcia que vous m'avez emballés, pour être expédiés en Russie, sont arrivés en parfait état, sans aucune fracture ; je me fais un plaisir de vous l'annoncer, et profite de 'occasion pour vous faire compliment sur votre mode d'emballage, le meilleur que je connaisse jusqu'à présent.

Votre tout dévoué,

A. BARRE, statuaire à la Monnaie.

Monsieur,

Pour satisfaire au désir exprimé dans votre lettre du 16 de ce mois, j'ai l'honneur de vous informer que la caisse contenant la statuette du roi des Français, que M. Pradier destine à S. M. la reine des Belges, m'est parvenue en parfait état.

J'ai examiné avec soin le système d'emballage employé pour l'expédition de cette statuette; je crois pouvoir vous féliciter, Monsieur, des améliorations que vous avez introduites et qui offrent, pour la conservation des objets d'arts, de précieuses garanties. Sous ce rapport vous avez bien mérité des beaux-arts, et je ne doute pas que MM. les artistes, lorsqu'ils connaîtront votre système, ne s'empressent de l'adopter et de profiter des avantages nombreux qu'il présente : j'y contribuerai volontiers de mon côté, en distribuant ici les notices que vous m'avez adressées.

Recevez, Monsieur, l'assurance de ma parfaite considération.

Le chef de la division des beaux-arts, des lettres et des sciences,

Eug. VANDER BELEN,

Palais des Beaux-Arts, à Bruxelles.

Monsieur.

Je regrette bien vivement de ne pas m'être trouvé chez moi lorsque vous avez eu la complaisance de m'apporter le petit emballage que vous avez fait pour moi; recevez, Monsieur, mes félicitations : vous avez outrepassé mes espérances, tant par la simplicité que par la commodité qu'éprouve cet emballage pour le transport de de ces petits bas-reliefs, qui sont très fragiles.

Recevez, Monsieur, mes compliments et l'assurance de ma considération distinguée.

LÉVÈQUE, *statuaire*.

Monsieur,

Je m'empresse avec un véritable plaisir de répondre à la demande que vous m'adressez relativement à un emballage que vous avez exécuté pour moi; cette opération a parfaitement rempli mon but : il s'agissait d'une garniture de cheminée assez délicate et de quelque valeur, qu'il me convenait de porter chaque année à la campagne et de rapporter à Paris.

A l'aide de vos boîtes légères, toutes matelassées exprès pour chaque objet, s'ouvrant à charnières et à crochets garnis de poignées en fer pour les porter, j'ai pu, sans aucune difficulté, et je pourrai chaque année les faire voyager avec moi sans le moindre danger, et, ce qui n'est pas non plus sans un véritable avantage, me contenter à la barrière de Paris d'ouvrir un crochet pour faire voir aux douaniers, comme dans une armoi-

re, tout le contenu de chaque caisse, sans avoir eu rien
à déranger.

Recevez, Monsieur, ce témoignage de ma parfaite
considération, avec toutes mes salutations.

N. Ch. VALOIS, *Statuaire*.

Monsieur,

Je reçois à l'instant une lettre de la personne pour laquelle vous avez emballé ma dernière collection d'animaux en plâtre; après m'avoir accusé réception en bon
état, elle me charge de vous en faire ses compliments
sincères.

Je suis heureux, Monsieur, d'avoir une telle réponse
à vous donner. Recevez mes salutations empressées.

MÈNE, *Statuaire*.

Je soussigné déclare qu'ayant été chargé, comme président d'une commission de l'association des artistes
peintres, sculpteurs, etc., d'expédier à Lyon un grand
nombre d'objets d'art, tableaux à l'huile, aquarelles,
dessins, gravures, lithographes, statuettes, médailles,
etc., j'ai employé à plusieurs reprises les procédés de
M. Cotel, et que l'usage en a toujours été complétement
satisfaisant. Les artistes qui ont reçu les envois à Lyon
ont attesté l'excellente disposition des appareils et l'arrivée de tous les objets dans le meilleur état de conservation et d'intégrité.

J'ai eu personnellement occasion de faire usage des

emballages de M. Cotel, et je n'ai eu qu'à m'en louer sous tous les rapports. Ces procédés réunissent tous les avantages du bon goût, de la solidité, de la sécurité pour tous les objets auxquels ils sont destinés.

A. GRUN, *Rédacteur en chef du* Moniteur universel, *et vice-président de l'Association des artistes peintres, sculpteurs, etc.*

———

Non certainement, Monsieur, je ne vous refuserai pas mon approbation au nouveau système d'emballage dont vous êtes l'auteur. Moyen facile, économie, sécurité complète, que reste-il à désirer? Rien.

Permettez-moi donc de me joindre à ceux de mes confrères qui vous ont adressé leurs compliments, et de vous remercier, pour ma part, des travaux que vous avez bien voulu faire pour moi.

J'ai l'honneur de vous saluer.

J. DUVAL-LECAMUS fils.

———

Je suis vraiment heureux, Monsieur, de pouvoir vous exprimer publiquement ma reconnaissance pour le bon état dans lequel j'ai reçu les objets précieux et fragiles, tels que pendules, porcelaines, glaces, tableaux, que vous avez eu la bonté de me faire emballer d'après vos divers et excellents systèmes. Ces objets, après avoir été soumis à toutes les chances du roulage et de transbordements, ont supporté le long trajet sans la moindre altération, chose qui ne m'était jamais arrivée et que je dois à l'application de vos heureux procédés. Je viens donc,

Monsieur, vous en réitérer ici l'expression de mes sincères remercîments, et vous prie de vouloir agréer l'assurance de ma considération la plus distinguée,

A. SAISSET.

———

Monsieur,

C'est avec bien du plaisir que nous vous envoyons le
présent certificat, par lequel nous certifions que nous
avons été généralement très satisfaits des nombreuses
boîtes pour pendules en bronze, en porcelaine, en al-
bâtre, que vous nous avez faites dans le courant de
l'année.

Nos voyageurs ont fait les longues tournées, ayant
leurs échantillons dans vos boîtes, et ils s'en sont très
bien trouvés, tant par chemin de fer que par diligences
et navires.

Nous avons l'honneur de vous saluer.

D. POTONIÉ et Comp., *exporteurs pour la Chine.*

———

Monsieur,

Nous vous certifions avec plaisir que votre manière
d'emballer est la meilleure que nous ayons rencontrée
jusqu'à ce jour.

Nous avons l'honneur de vous saluer sincèrement.

SUSSE, *frères.*

———

Monsieur,

Vous me demandez de constater l'avantage de vos boîtes garnies de tampons pour l'emballage des objets fragiles.

Les boîtes de ce genre que vous m'avez faites, et notamment les trois grandes caisses à charnières, destinées au transport, à une grande distance, d'une pièce en bronze doré très volumineuse et compliquée d'ornements fort délicats, m'ont paru d'un bon usage, et ce dernier objet est arrivé intact à l'église, dont il domine l'autel.

Agréez, Monsieur, mes sincères salutations.

F. VILLEMSENS, *fabricant de bronzes.*

---

Monsieur,

Vous avez tout droit au témoignage que vous me demandez. Depuis plus de deux ans que vous emballez pour ma maison les objets d'arts les plus fragiles et que j'ai expédiés en Russie, en Allemagne, en Angleterre, etc., j'ai toujours reçu de très bons accusés de réception, et je vous témoigne, Monsieur, mon approbation de votre heureux système, qui continuera de rendre service aux artistes dans l'exportation de leurs charmantes statuettes.

J'ai l'honneur d'être avec une parfaite considération,

Votre bien dévoué

GAUVIN *aîné.*

---

Monsieur Cotel,

Venez donc prendre mesure de nouvelles caisses. J'ai un envoi de statuettes à faire, et comme de toutes celles que vous m'avez emballées je n'ai reçu que des félicitations, j'ai recours à votre système, puisqu'il est le seul moyen sûr de l'arrivage en bon état de conservation.

J'ai l'honneur de vous saluer.

JEANNE, *éditeur, passage Choiseul.*

———

Monsieur,

Vous me demandez si j'ai été satisfait de l'emballage que vous m'avez fait pour mon tableau représentant le portrait du roi, envoyé à la ville de Beaune : j'en ai été tellement enchanté, que je ne puis trop vous en faire mon compliment et vous recommander à tous les artistes de ma connaissance

Vous avez rendu un véritable service aux beaux arts en vous occupant de la conservation de leurs produits, car il est vraiment extraordinaire qu'un tableau comme le mien, pesant avec son cadre 500 kilog., soit arrivé sans le moindre accident. J'étais présent au déballage, et ce qui surtout a surpris les gens chargés de ce travail, c'est la manière ingénieuse avec laquelle le cadre était fixé sur les châssis mobiles qui le supportaient.

Je désire, Monsieur, que mon attestation puisse vous être utile, et vous prie d'agréer mes salutations.

DUSSANCE, *artiste-peintre,*
*Trésorier de la Société libre des Beaux-Arts.*

———

Monsieur,

Vous m'avez demandé de vous donner par écrit un témoignage de satisfaction des emballages que vous avez faits pour moi. Le plus important de ces ouvrages, le modèle en tiers d'exécution de la statue de Claude le Lorrain que j'ai envoyée à Epinal, département des Vosges, est arrivé dans un parfait état de conservation, et il est revenu de même, bien que le réemballage ait été fait par un ouvrier que j'ai guidé, mais qui n'avait aucune connaissance de votre méthode. Je suis charmé, Monsieur, d'avoir cette occasion de faire connaître la vérité et de contribuer pour ma part à tout ce qui pourra vous encourager.

J'ai bien l'honneur de vous saluer.

A. DESBOEUFS, *statuaire.*

Monsieur,

Je ne saurais trop vous féliciter du nouveau mode d'emballage que vous avez inventé. Je puis tout particulièrement apprécier le mérite et l'utilité de votre ingénieux système pour le genre des ouvrages que je produis, qui, plus délicats et plus détaillés que ne le sont ordinairement les sculptures, n'avaient pu, jusqu'à ce jour, être transportés sans éprouver plus ou moins de dommages. J'étais au moment de renoncer à l'exportation, lorsqu'au moyen de votre système, j'ai pu envoyer en Russie les plus fragiles de mes œuvres, qui y sont arrivées intactes.

J'ai été aussi à même d'apprécier votre nouveau système pour les grandes statues en marbre, que l'on peut visiter aux frontières sans courir le risque de recevoir le le moindre dégât, et dont la caisse peut être ouverte par la personne la plus inexpérimentée.

Je regarde donc l'invention que vous avez eue comme très favorable à l'art, pouvant en faciliter la propagation, et ayant par conséquent une portée très haute.

Recevez, Monsieur, l'assurance de ma parfaite considération.

Paul GAYRARD, statuaire.

---

Je pense, Monsieur, que vous serez bien aise d'apprendre que la statue est très heureusement arrivée à Londres. M. Marochetti me dit que la caisse est un chef-d'œuvre qu'il n'a eu qu'à l'ouvrir à la douane comme une tabatière, et qu'il ne lui a fallu que quelques minutes pour la déballer quand elle a été arrivée.

Bien des compliments.

MONTPELLIER, praticien.

---

Monsieur,

Vous me témoignez le désir de connaître mon opinion sur le mode d'emballage que vous avez si ingénieusement perfectionné ; je m'empresse de vous satisfaire.

La première fois que je vis une caisse sortant de vos ateliers, son apparence et son bon conditionnement me frappèrent. Je fus curieux d'en examiner entièrement le contenu. Je remarquai tout d'abord que vous aviez eu soin de renforcer les angles ; excellente précaution, car les camionneurs sont dans l'habitude de faire peser tout le poids d'une caisse sur un de ses coins, et de transmettre ces parties-là aux plus rudes chocs.

J'ai trouvé également excellent le mode que vous employez de fixer le dessus des caisses à l'aide de vis. C'est un moyen sûr de conserver les caisses intactes, même après un long service, ce qui est presque impossible quand on a affaire à des pointes toujours démesurément longues. Autre avantage qu'on y rencontre, c'est d'ouvrir une caisse en peu de temps, sans fracas aucun et sans risquer de briser le contenu par l'effet tout naturel des coups de marteau.

J'aime aussi beaucoup vos châssis adhérents aux tableaux et se repliant sur eux-mêmes. Vous ne sauriez croire, Monsieur, le mal que se donnent les ouvriers pour détacher les pointes enfoncées dans les traverses formant des compartiments dans les caisses ; ils sont à grands coups de marteau à enlever le bois autour des têtes des pointes, pour pouvoir les sortir avec les tenailles, ce qui très souvent amène des dégâts. Enfin, Monsieur, que vous dirai-je de plus, sinon que votre procédé me paraît aussi utile dans ses résultats qu'ingénieux en lui-même ? et j'ajouterai que je ne comprends pas que les artistes qui envoient aux expositions de province puissent faire usage encore des anciens procédés. Vous avez fait là, Monsieur, une véritable découverte ; votre procédé offre un avantage immense, celui de fournir toutes les garanties possibles pour la conservation du contenu. Je vous félicite très sincèrement, Monsieur, du perfectionnement important que vous avez introduit dans cette industrie, et vous prie de croire que je forme des vœux pour la prospérité de votre établissement. Vos succès seront des plus légitimes.

Agréez, Monsieur, l'expression de mes sentiments dévoués.

BAUDR, *secrétaire de la Société des amis des Beaux-Arts de Marseille.*

Monsieur,

Nous avons reçu pour notre dernière exposition un assez grand nombre de tableaux et de statuettes, emballés d'après votre procédé ; tout nous est arrivé en parfait état de conservation. Je ne crois pas qu'on puisse jamais en faire de mieux en ce genre. Les châssis que vous adaptez aux cadres les préservent de tout contact avec les parois de la caisse d'emballage, et mettent par là les peintures à l'abri de nombreuses avaries, causées par la brisure des cadres dont les morceaux détachés viennent rouler sur les toiles.

L'ingénieux mécanisme de vos boîtes pour les statuettes sont pour MM. les sculpteurs une garantie de conservation qui leur permet maintenant de faire voyager leurs ouvrages les plus fragiles sans craindre de les voir arriver avec des détériorations qui leur enlèvent une grande valeur. En un mot, Monsieur, je crois que vous avez rendu un immense service à l'art en général par ces moyens de conservation, dont l'absence a fait perdre tant de chefs-d'œuvre.

La commission tout entière a constaté l'excellence de ces moyens, et je suis heureux d'être son interprète en cette circonstance.

Veuillez agréer, Monsieur, l'assurance de ma considération la plus distinguée.

F. DE NERVAUD, secrétaire de la Société<br>des amis des Arts de Lyon.

---

Monsieur,

Chaque fois que j'en trouve l'occasion, je vous adresse des personnes qui ont des tableaux ou objets d'arts précieux à emballer. Je n'ai eu qu'à me louer de vos systèmes d'emballage, à l'abri de tous accidents.

Je vous prie de bien croire que je continuerai à répandre le plus possible votre nom, à l'appui duquel vient
se joindre un progrès immense que vous avez fait faire
dans votre patrie.

Veuillez accepter les salutations de votre tout
dévoué

P. Souty, fils.

Le soussigné, directeur de l'École de sculpture de la
ville de Grenoble, ayant procédé au déballage de la statuette en marbre représentant *Haydée,* par M. Husson,
statuaire, déclare que le système de M. Cotel, emballeur
à Paris, est parfait; les précautions sont si bien prises,
que l'on peut faire transporter par ce moyen les objets
les plus fragiles. Il a surtout remarqué, comme très ingénieuse, l'idée de faire sortir de la caisse la statue et
son enveloppe, ce qui permet au déballeur d'enlever
cette partie sans accident. La planche de liége placée
sous la plinthe de la statue est un excellent moyen pour
prévenir les secousses de la voiture et garantir en même
temps le marbre, qui ne peut être en contact avec un
corps dur.

En conséquence, le soussigné certifie et reconnaît
n'avoir pas encore vu de moyen plus simple et plus convenable pour le transport de la statuaire.

Gappey, *Statuaire.*

Grenoble, le 24 avril 1849.

Monsieur.

J'apprends que le mérite de vos utiles procédés d'emballage des objets d'arts vient d'être récompensé par
la Société d'encouragement pour l'industrie nationale.

La médaille d'argent qui vous est décernée par cette Société est une nouvelle preuve de l'intérêt qui s'attache à vos utiles travaux, et je suis d'autant plus heureux de votre succès, que j'ai été à même d'apprécier plusieurs fois l'excellence de vos précieuses inventions.

Veuillez agréer, Monsieur, l'expression de mes sentiments distingués.

A. GALIMARD, *membre du Comité central des artistes et de la Société libre des beaux-arts.*

---

Le Comité des artistes reconnaît et apprécie le talent et l'activité que M. Cotel a montrés dans les grands travaux qu'il a exécutés depuis trois ans pour la Société, surtout dans les expéditions considérables qu'il vient de faire pour la fête de Lyon tout récemment, et lui en témoigne avec plaisir sa satisfaction.

Pour le Comité :

J. TAYLOR, *membre de l'Institut.*

---

NOTA. — M. Cotel continue de gérer l'établissement de layetier-emballeur créé par son aïeul, en 1741, rue Aubry-le-Boucher, 23, pour les emballages du commerce et des mobiliers. Il s'y est associé son contre-maître, M. Dizeux.

Raison sociale Cotel et Dizeux; spécialité d'emballage pour l'exportation, n. 23, rue Aubry-le-Boucher; ateliers n. 31. Magasins assurés pour recevoir les marchandises en dépôt pour être emballées.

Imprimerie de Guiraudet et Jouaust, rue Saint-Honoré, 315.

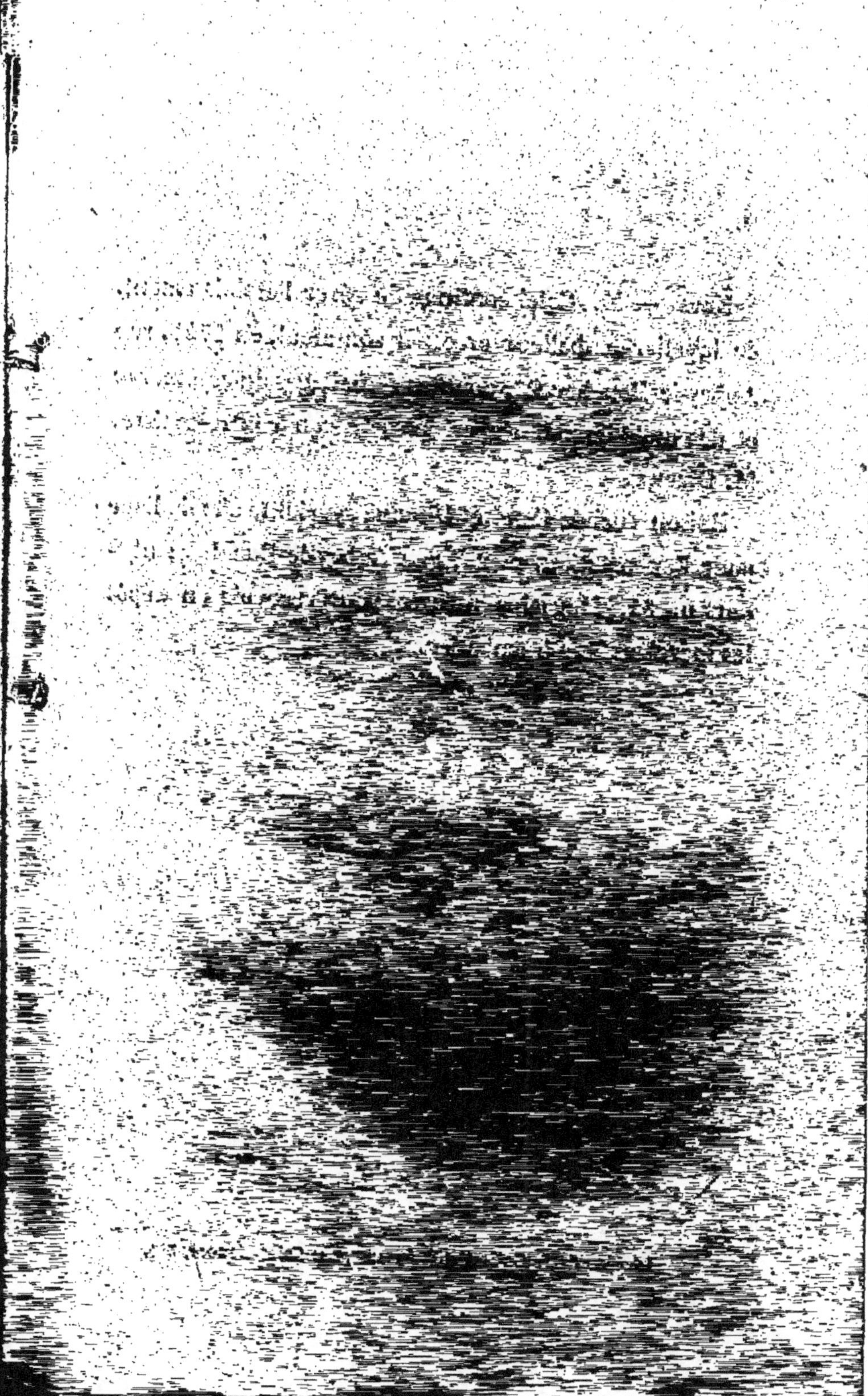

Nota. — M. Cotel continue de gérer l'établissement.
de layetier-emballeur créé par son aïeul, en 1741, rue
Aubry-le-Boucher, 23, pour les emballages du commerce
et des mobiliers. Il s'y est associé son contre-maître,
M. Dizeux.

Raison sociale Cotel et Dizeux ; spécialité d'emballage
pour l'exportation, n. 23, rue Aubry-le-Boucher ; ateliers n. 31. Magasins assurés pour recevoir en dépôt
les marchandises à emballer.

Imprimerie de Guiraudet et Jouaust, rue Saint-Honoré, 315.

* 9 7 8 2 0 1 3 7 0 3 0 5 5 *